A a
E e
O o
I i
U u
Ä ä
Ö ö
Ü ü
Ei ei
Au au
Eu eu
L l
M m
S s
T t
R r
N n
D d
F f
ch
P p
Sch sch
K k
H h
B b
Z z
W w
G g

Diese Zeichen findest du:

- schreiben
- mit der Anlauttabelle schreiben
- malen
- verbinden
- ankreuzen
- einkreisen
- Silben schwingen
- ausschneiden, kleben
- sprechen
- betrachten
- genau hören
- Partnerarbeit
- spielen

Piktogramme/Schrift benennen und in Alltagssituation wiederfinden/einkreisen; Erzählanlass

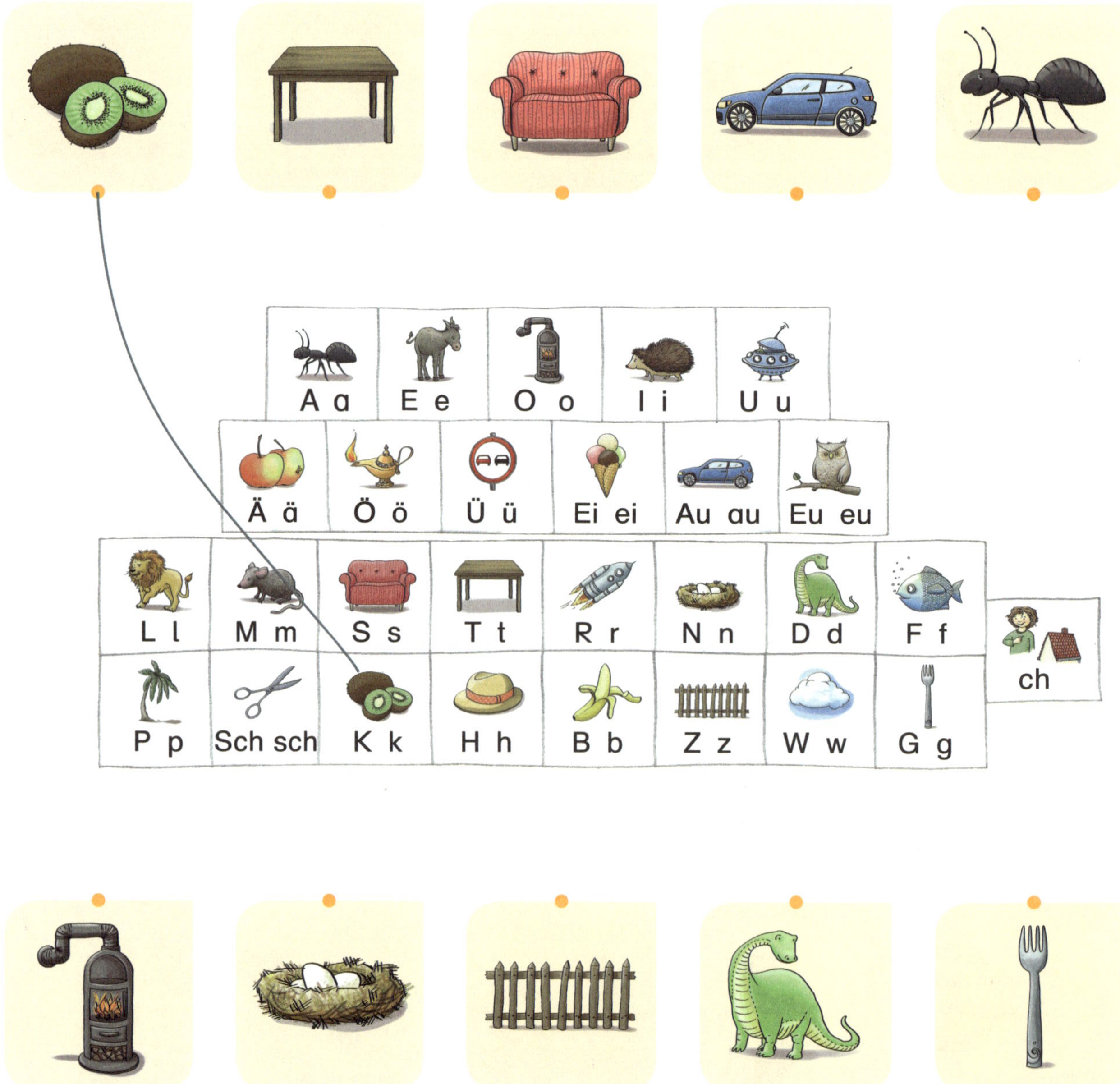

 Anlautbilder benennen; Anlautbilder mit der Anlauttabelle verbinden

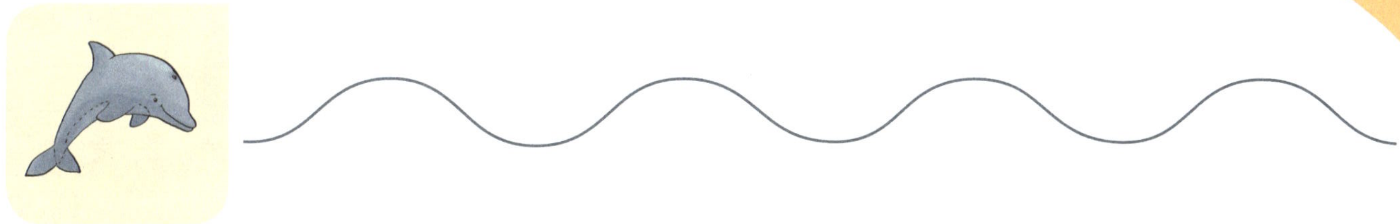

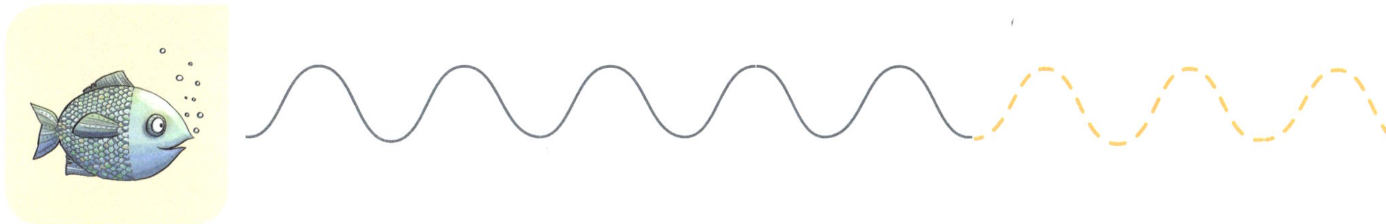

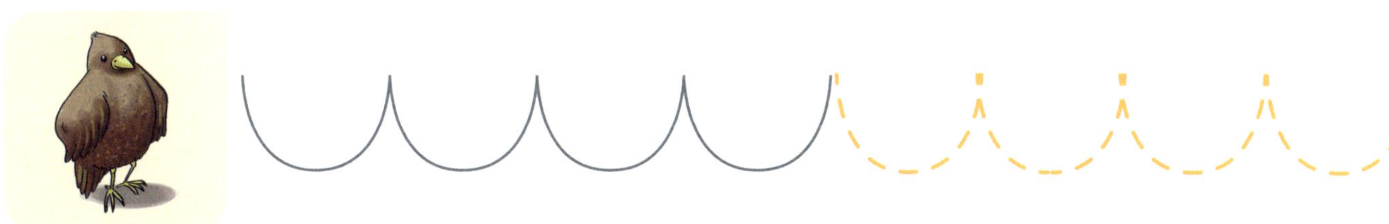

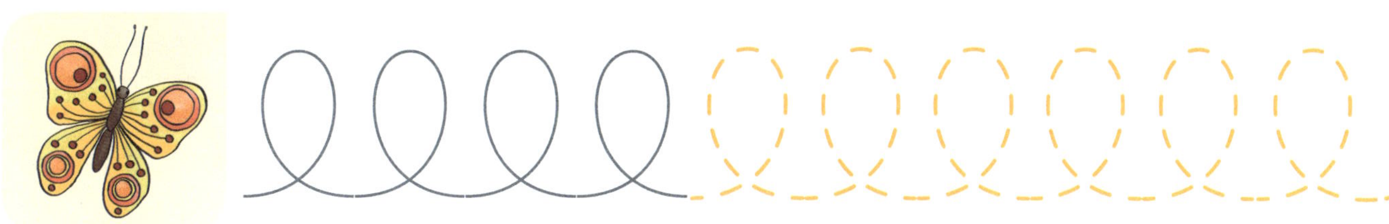

Wellen-, Zickzacklinien und Schleifen mit Buntstiften mehrfach in der Schreibrichtung nachspuren/fortsetzen

Piktogramm/Schrift benennen und in Alltagssituation wiederfinden/einkreisen; Erzählanlass

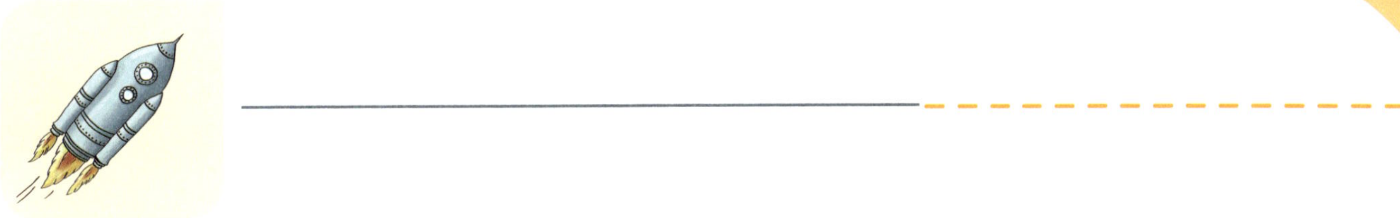

Wellen-, Zickzacklinien und Schleifen mit Buntstiften mehrfach in der Schreibrichtung nachspuren/fortsetzen

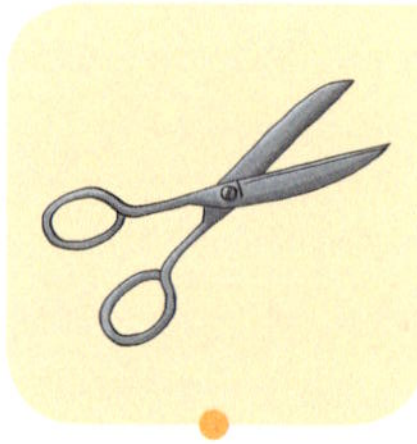

Anlautbilder benennen; Anlautbilder mit der Anlauttabelle verbinden

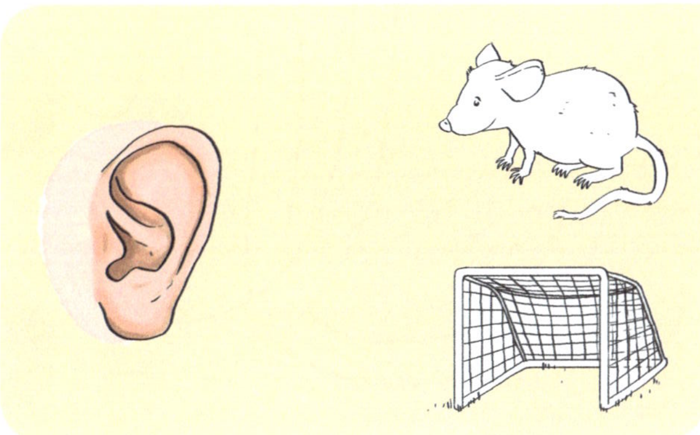

Bilder benennen; Reimpaare finden und verbinden/ausmalen

Wege durch das Labyrinth mit Buntstiften verfolgen

Bilder benennen; Silben schwingen und Silbenbögen setzen

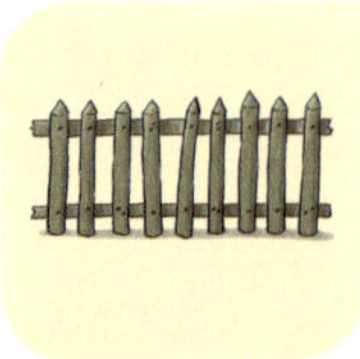

Anlautbilder benennen; im Suchbild wiederfinden und ausmalen; Erzählanlass

Bilder benennen; Reimpaare finden und verbinden/ausmalen

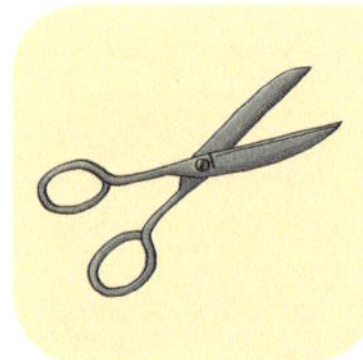

Anlautbilder benennen; im Suchbild wiederfinden und ausmalen; Erzählanlass

Wege durch das Labyrinth mit Buntstiften verfolgen

Bilder benennen; Buchstaben und Anlaut- bzw. Mundbild mit den passenden Anlautbildern verbinden/ausmalen

Bilder benennen; Silben schwingen und Silbenbögen setzen

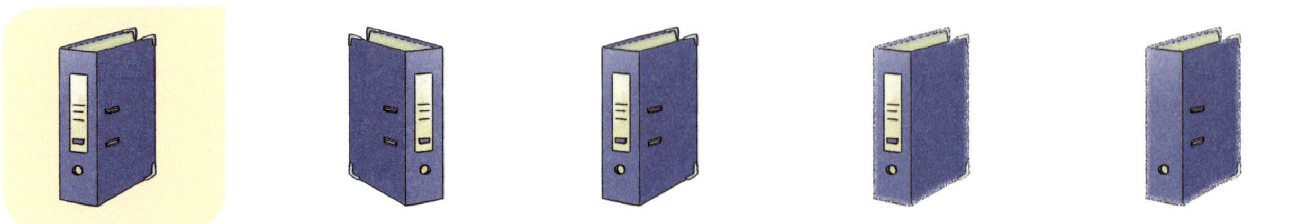

vorgegebenes Bild in der Reihe wiederfinden und einkreisen

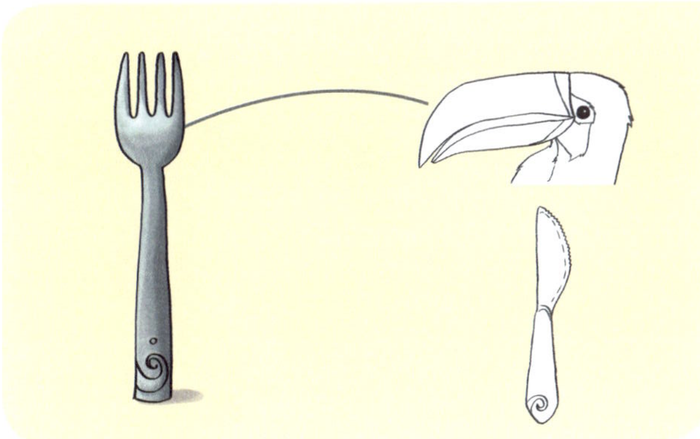

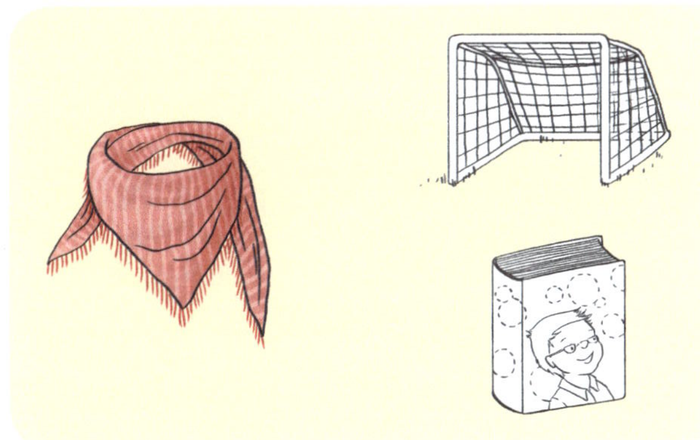

Bilder benennen; Reimpaare finden und verbinden/ausmalen

Bilder benennen; Buchstaben und Anlaut- bzw. Mundbild mit den passenden Anlautbildern verbinden/ausmalen

acht Unterschiede im Bild finden und einkreisen

Bilder benennen; Silben schwingen und Silbenbögen setzen

Bilder benennen; Reimpaare finden und verbinden

Bilder benennen; Buchstaben und Anlaut- bzw. Mundbild mit den passenden Anlautbildern verbinden/ausmalen

vorgegebenes Bild in der Reihe wiederfinden und einkreisen

Bilder benennen und überprüfen, welches mit dem vorgegebenen Anlautbild beginnt; gleiche Anlaute verbinden

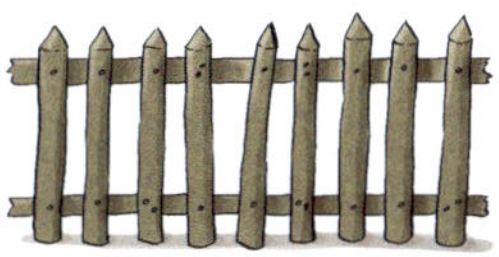

Wege durch das Labyrinth mit Buntstiften verfolgen

Bilder benennen; Reimpaare finden und verbinden

Bilder benennen und überprüfen, welches mit dem vorgegebenen Anlautbild beginnt; gleiche Anlaute verbinden

vorgegebenes Bild in der Reihe wiederfinden und einkreisen

Bilder benennen, Silben schwingen und mit der richtigen Silbenanzahl verbinden

Bilder benennen und überprüfen, welches mit dem vorgegebenen Anlautbild beginnt; gleiche Anlaute verbinden

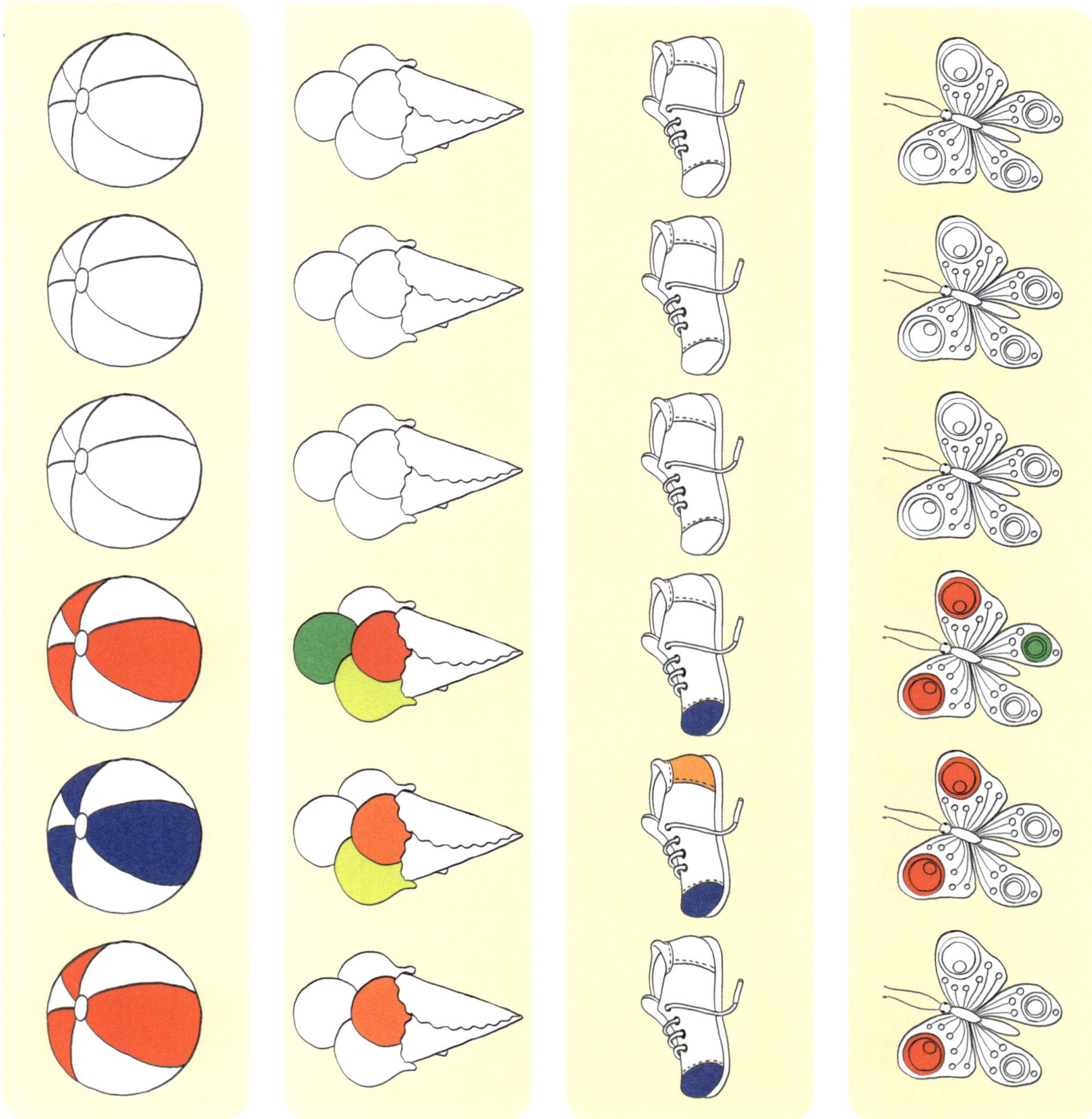

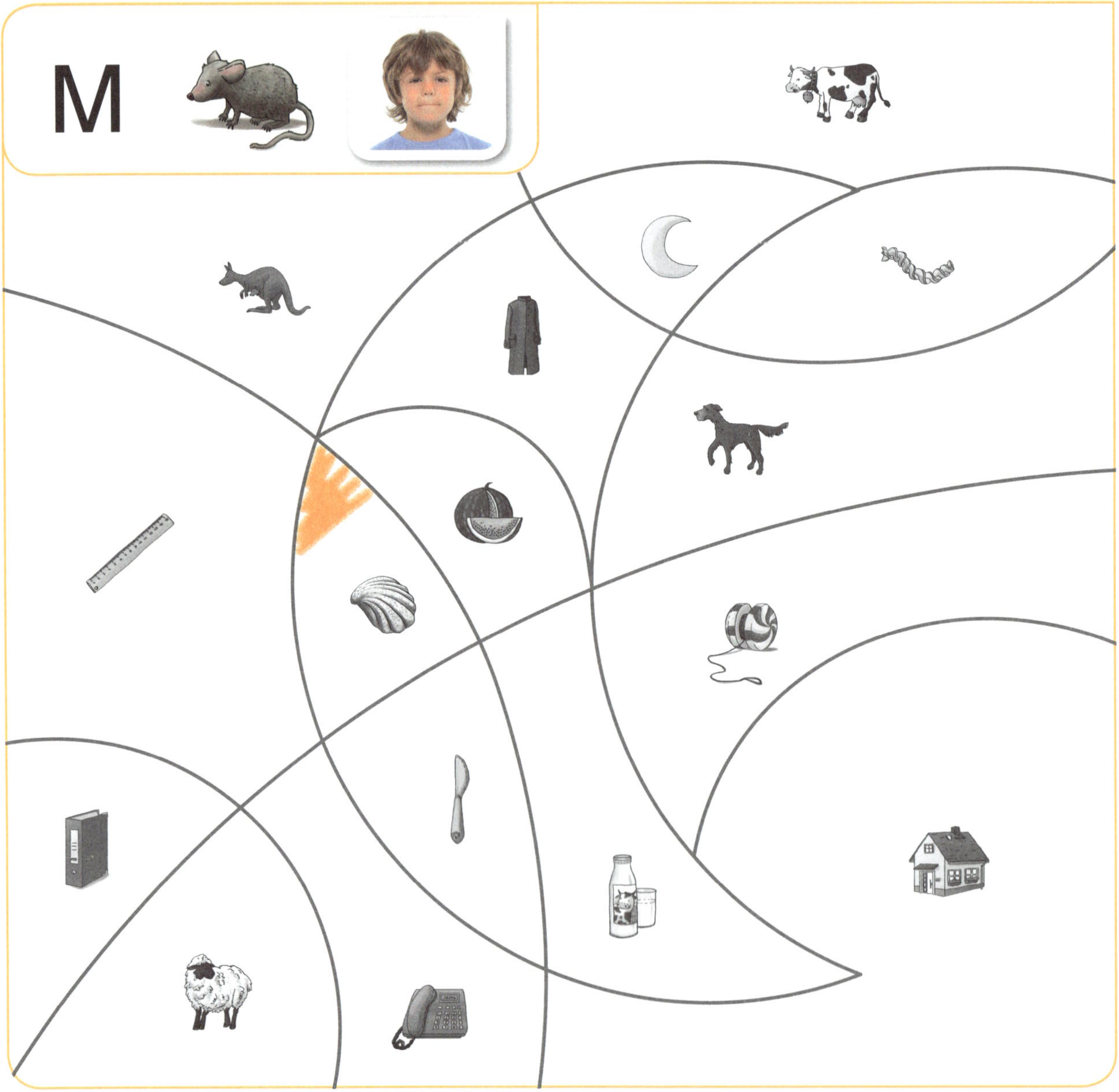

Bilder benennen; Felder gelb ausmalen, die ein Wort mit dem Anlaut „M“ beinhalten

Bilder benennen; passendes Schattenbild finden und verbinden

Bilder benennen, Silben schwingen und mit der richtigen Silbenanzahl verbinden

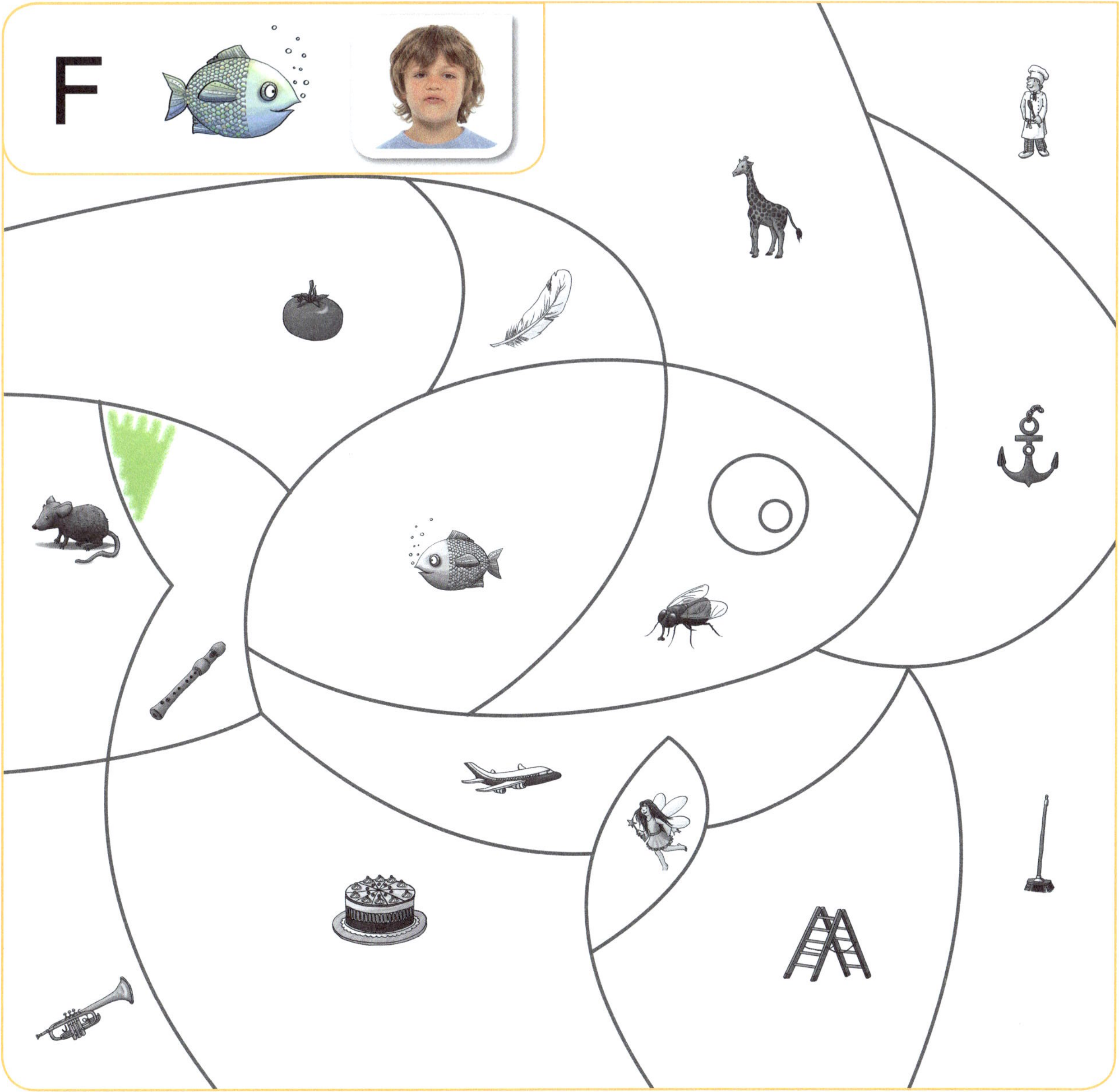

Bilder benennen; Felder grün ausmalen, die ein Wort mit dem Anlaut „F“ beinhalten

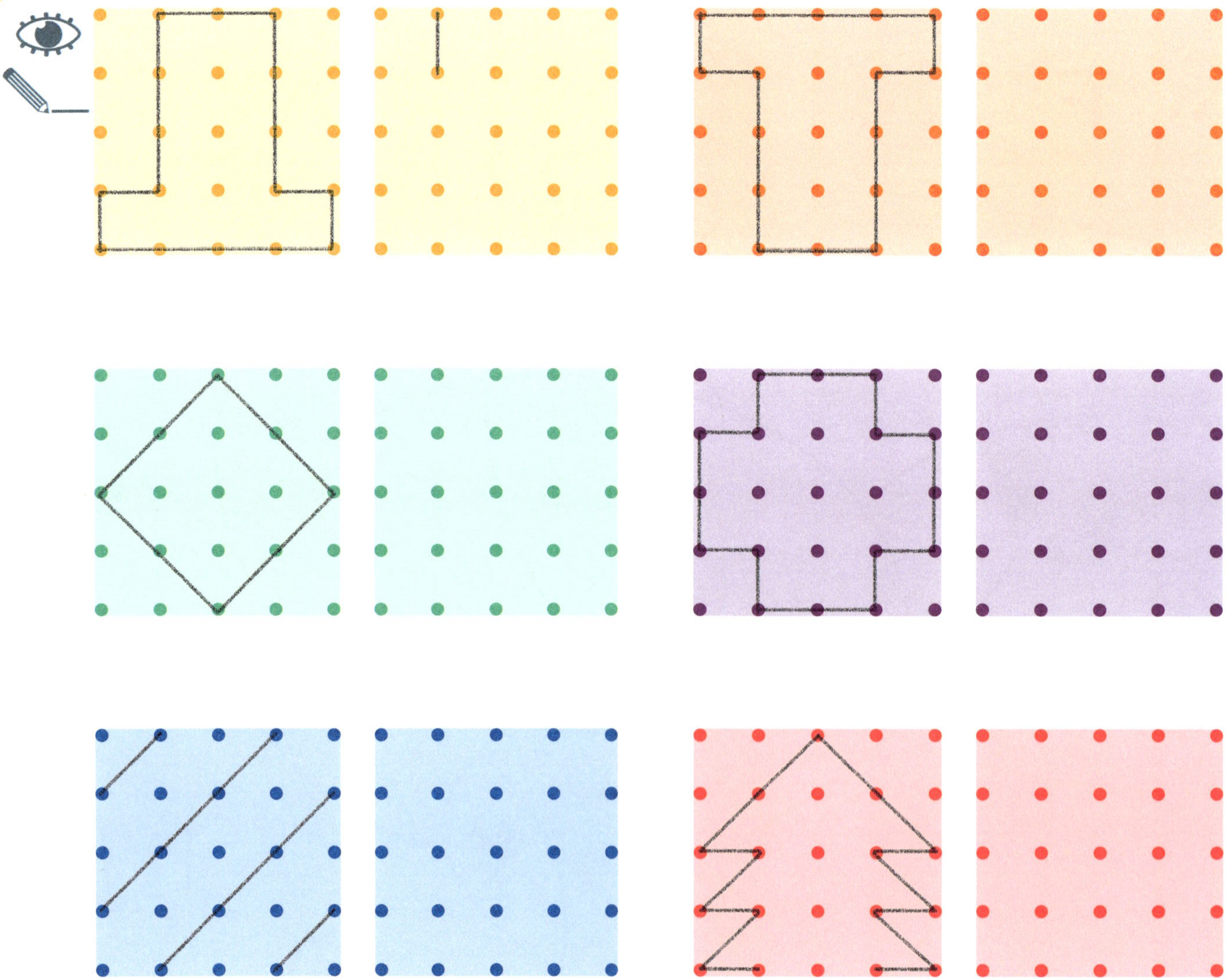

vorgegebenes Muster im Raster nachzeichnen

Einzelbilder von Seite 61 ausschneiden und in logischer Reihenfolge aufkleben

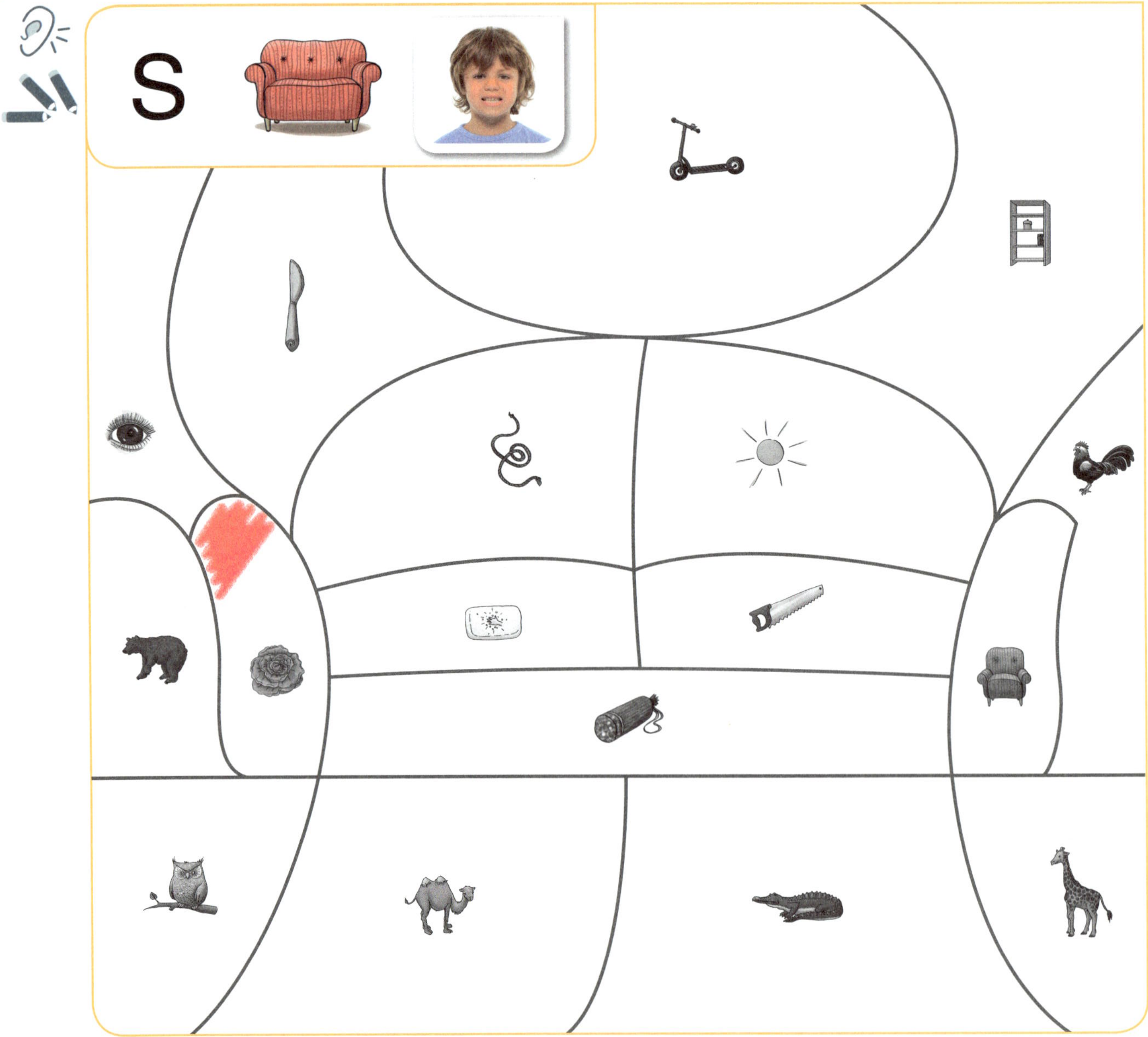

Bilder benennen; Felder rot ausmalen, die ein Wort mit dem Anlaut „S“ beinhalten

L	V	P	T	N	W	Z	N
L	J	M	I	N	N	M	N
L	T	O	J	N	E	N	N
L	L	E	Z	N	V	I	N

E	H	E	H	A	O	I	R
B	H	L	H	T	E	I	J
R	H	H	H	O	P	I	O
L	H	Z	H	U	A	I	U
M	H	T	H	F	T	I	E

alle Felder mit den farbig markierten Buchstaben ausmalen

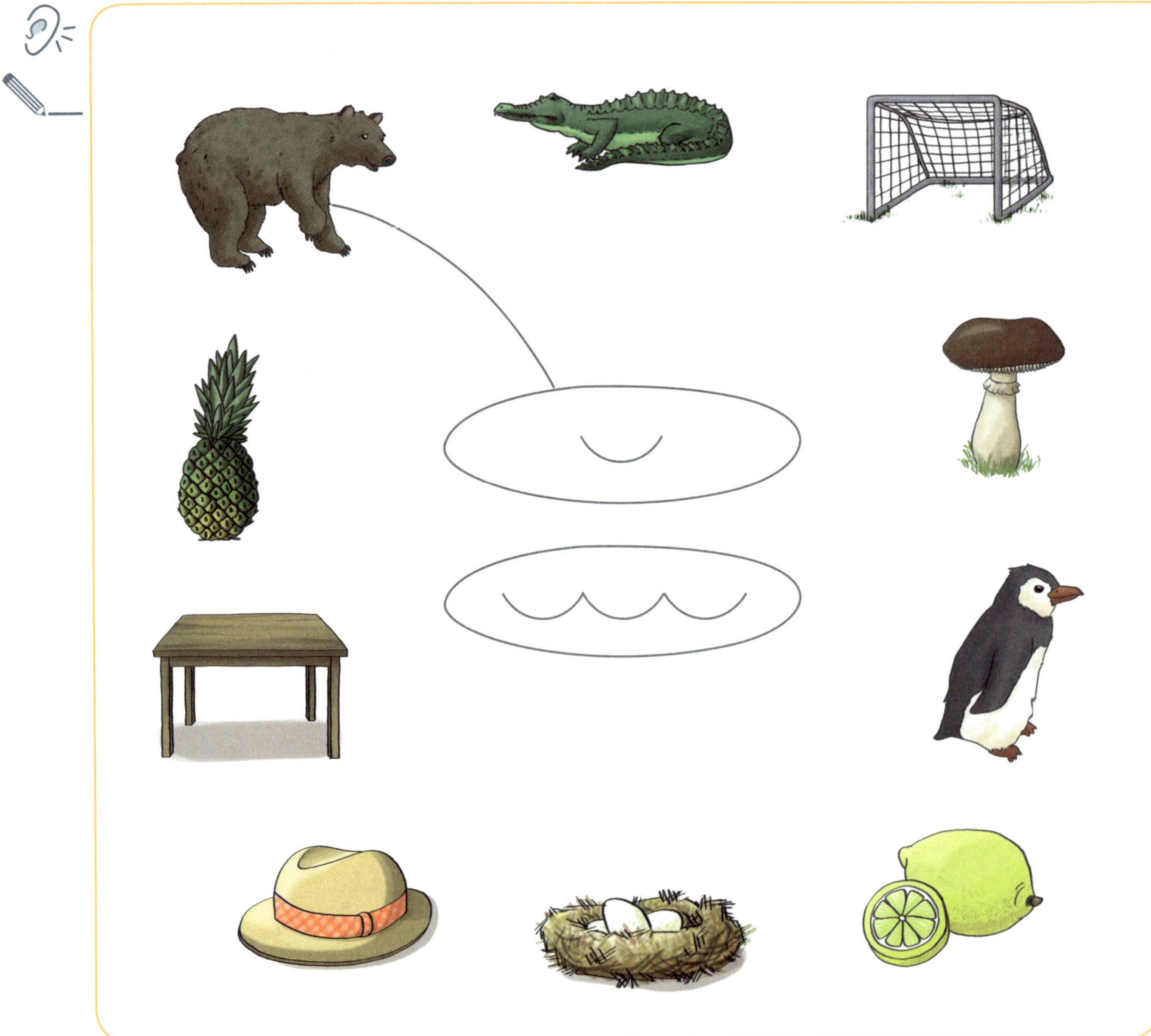

Bilder benennen, Silben schwingen und mit der richtigen Silbenanzahl verbinden

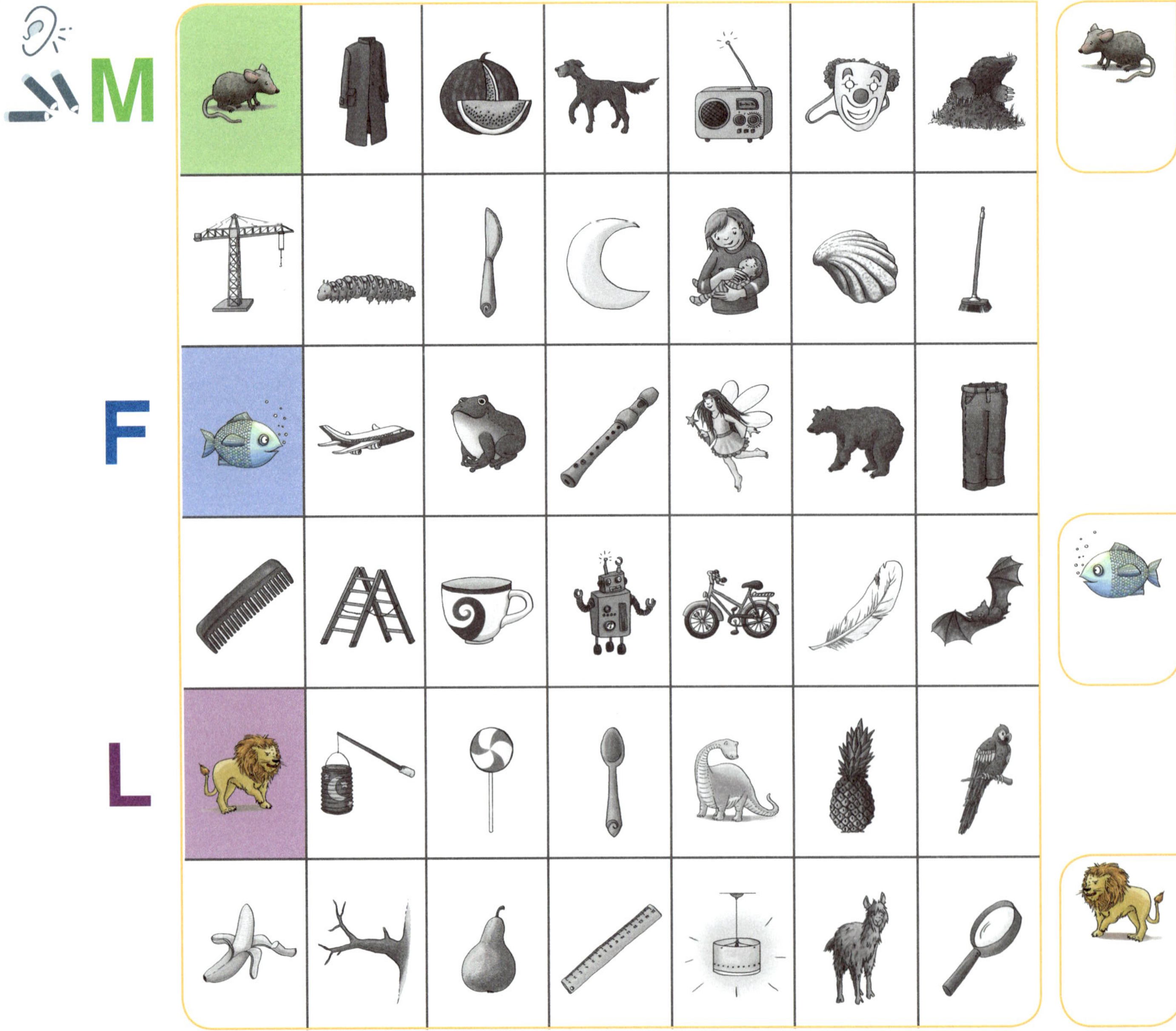

Anlautbilder sprechen; Weg durch das Labyrinth finden,
Anlautbuchstaben in das Kästchen übertragen

neun Fehler im Bild finden und anmalen; Erzählanlass

S	S	S	C	B	C	S	S	S	S
	F	S	O	T	N	S	A	P	
	G	S	S	S	S	S	E	U	
M	M	M	N	W	K	M	M	M	
	G	M	V	M	M	M	H	W	
	A	M	M	M	X	H	K	I	
L	L	L	L	E	W	T	L	L	
	O	P	L	S	L	L	L	I	
	I	B	L	L	L	E	F	A	

alle Felder mit den farbig markierten Buchstaben ausmalen; Buchstaben schreiben

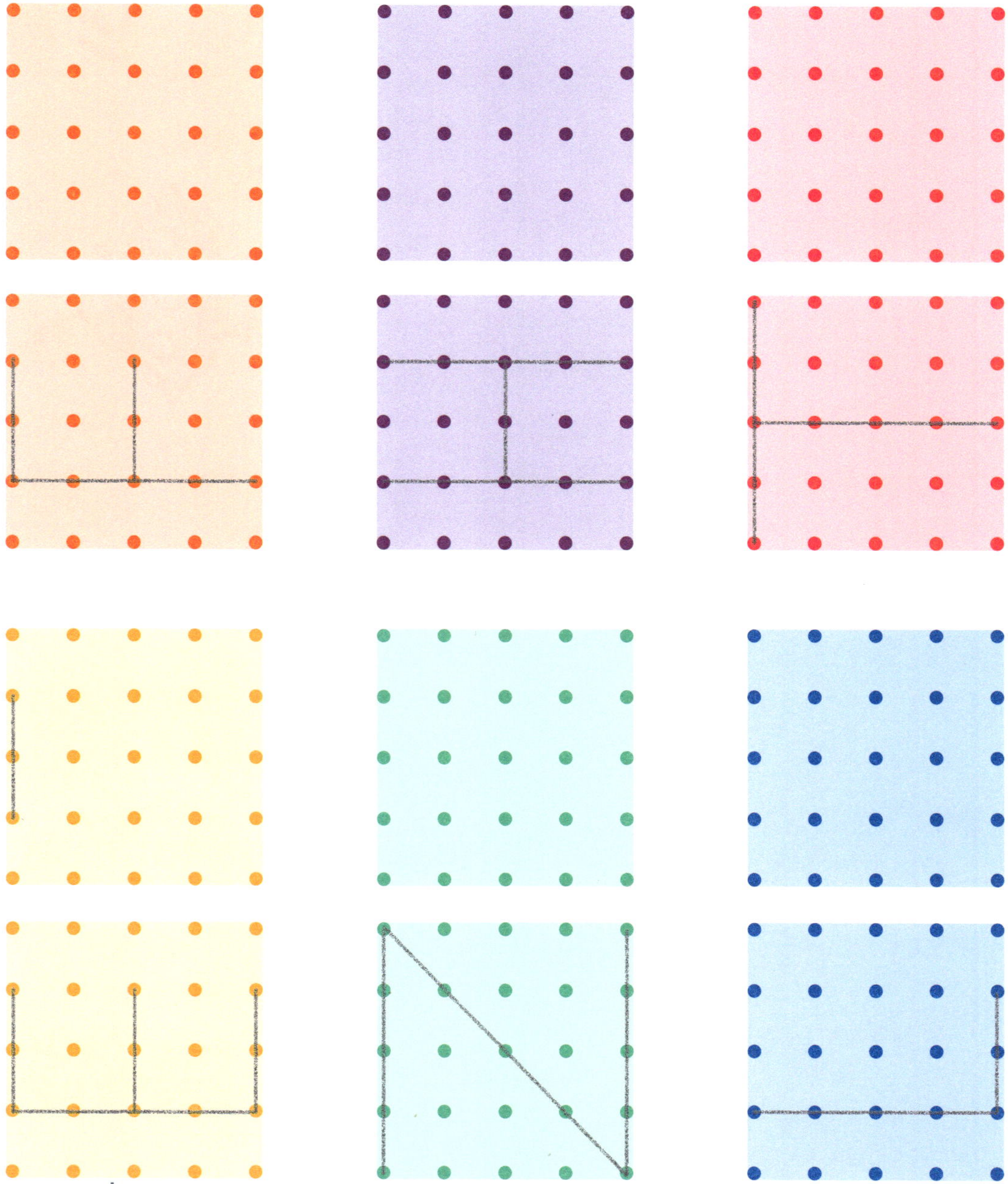

U	G	F
B	R	S
M	W	T

Buchstaben benennen; entsprechende Bilder in der Anlauttabelle finden und abmalen

Bilder benennen, passendes Schattenbild finden und verbinden

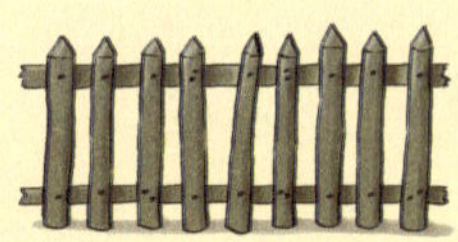

Anlautbilder benennen; entsprechende Buchstaben in der Anlauttabelle finden und schreiben

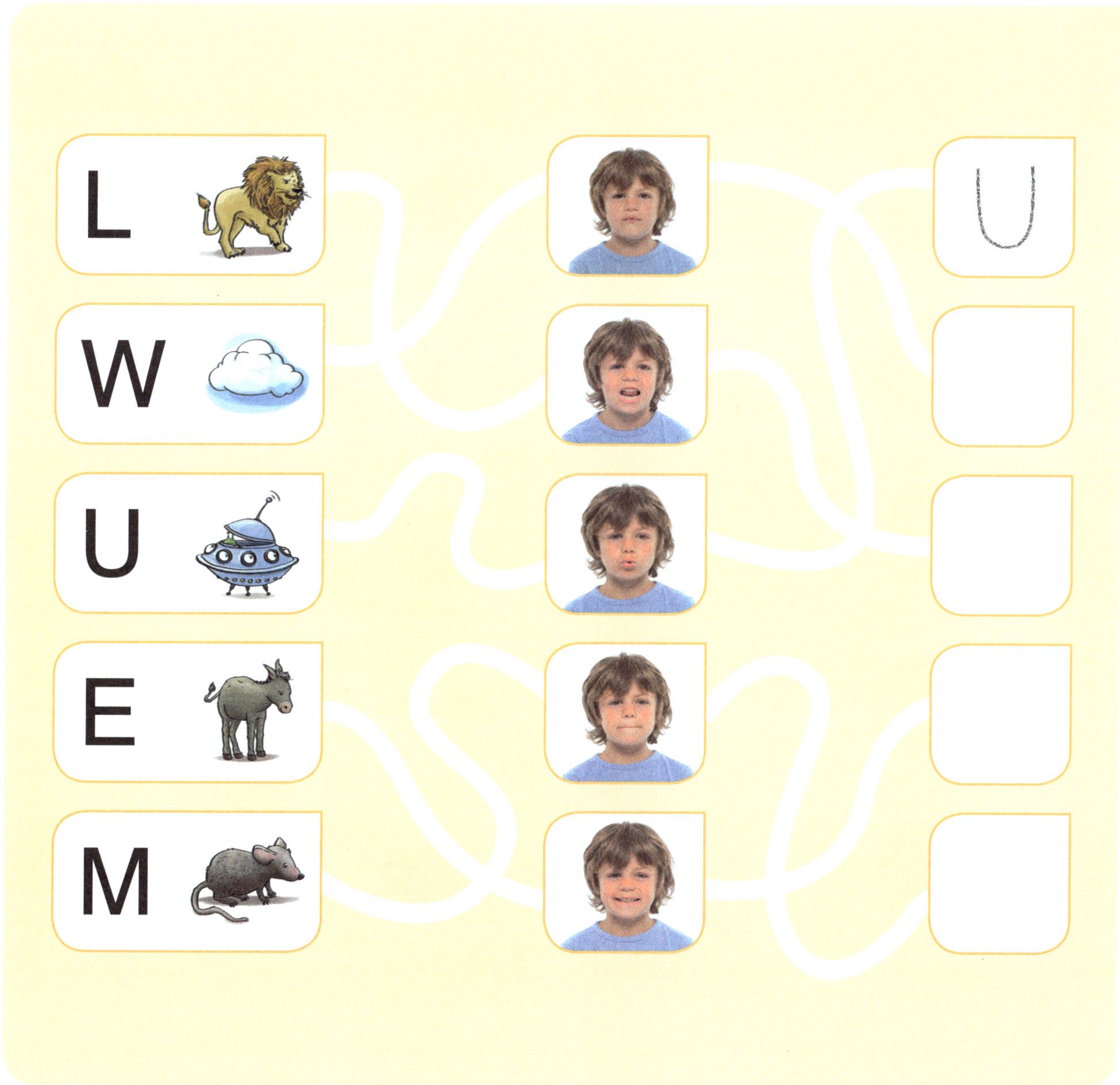

Anlautbilder benennen und mit dem entsprechenden Mundbild verbinden;
fehlende Buchstaben ergänzen

Mundbilder benennen und mit dem entsprechenden Anlautbild verbinden; fehlende Buchstaben ergänzen

Einzelbilder von Seite 63 ausschneiden und in logischer Reihenfolge aufkleben

Bilder benennen; passendes Schattenbild finden und verbinden

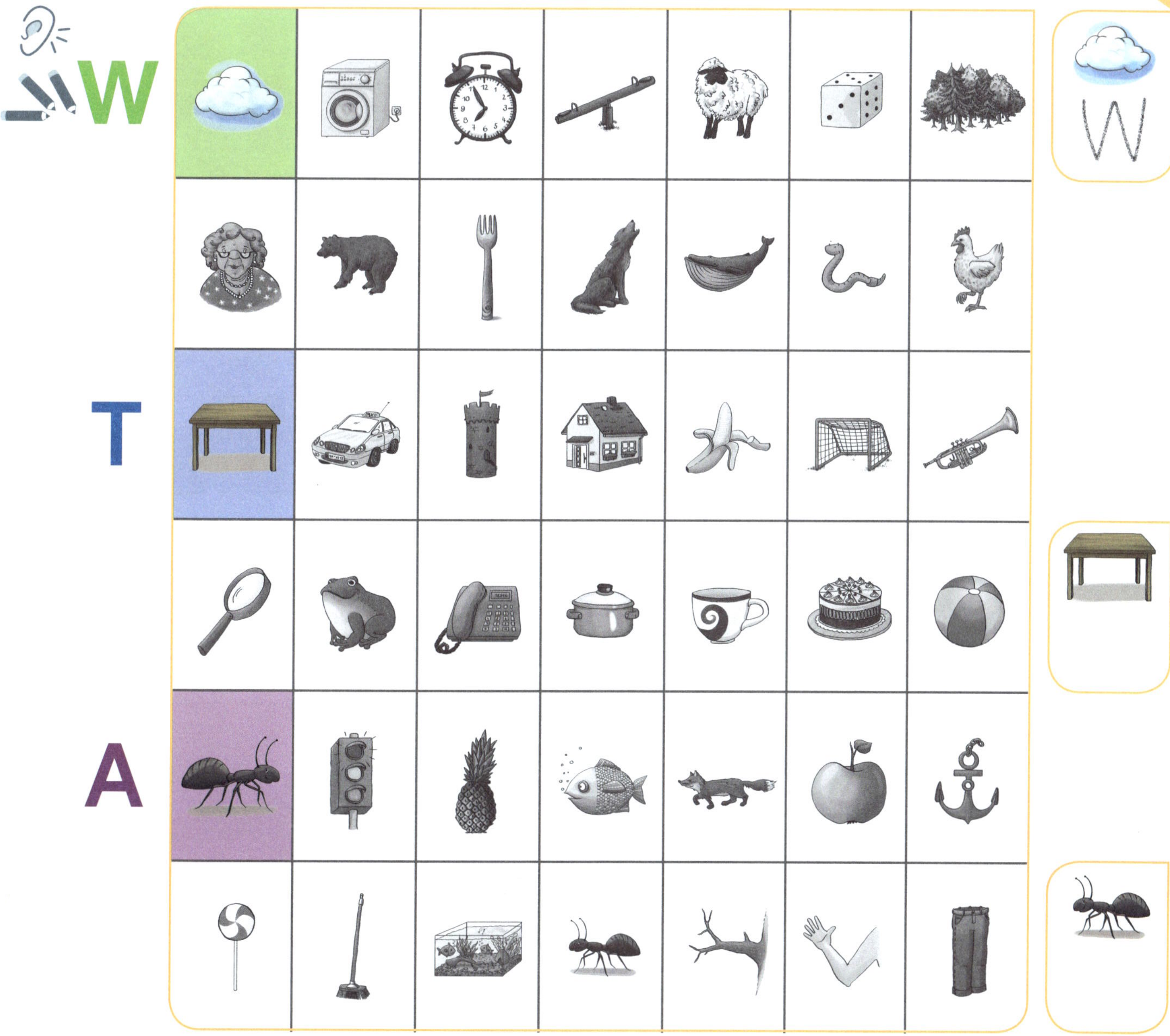

Anlautbilder sprechen; Weg durch das Labyrinth finden;
Anlautbuchstaben in das Kästchen übertragen

acht Unterschiede im Bild finden und einkreisen

Anlautbilder lesen und mit passendem Bild verbinden

Anlautbilder lesen und mit passendem Bild verbinden

Einzelbilder ausschneiden und in logischer Reihenfolge auf Seite 41 aufkleben

Einzelbilder ausschneiden und in logischer Reihenfolge auf Seite 55 aufkleben